Heartfelt